KB109706

용산대형

박 순 찬 의   장 도 리   카 툰 집

용산대형

비아북

　'텔레비전에 내가 나왔으면 정말 좋겠네'라는 노래가 불리던 시절이 있었습니다. 티브이 방송에 출연하는 것이 가문의 영광이던 시절입니다. 지금은 사람들이 티브이 방송 자체를 잘 보지도 않거니와, 휴대폰으로 직접 촬영해 SNS나 유튜브 채널에 올리면 전 세계로 방송이 되는 판이니 방송출연이라는 것이 더이상 특별한 일도 아니게 되었습니다.

　정보에 대한 독점이 무너지고 통제가 불가능해지면서 사람들이 막연히 갖고 있던 환상들도 깨지는 경우도 종종 목격합니다.

　중국의 한 격투기 선수가 유명 무술 고수들을 한방에 때려눕혀 굴욕을 주는 영상이 유튜브를 통해 많은 조회 수를 기록한 적이 있습니다. 온갖 현란한 무공을 앞세워 수익사업을 해온 고수들인데, 정작 실전에서 무참히 패하는 꼴이 사람들에게 카타르시스를 준 것으로 보입니다.

　무협지나 무협 영화에 나오는 무공들에는 모두 거창한 이름이 붙어 있습니다. 싸울 때면 상대방에게 자신이 수련한 무공의 이름을 외쳐 알린 뒤 온갖 불필요한 움직임을 동원해 공격을 합니다. 그러나 실전에서는 최소한의 움직임으로 허를 찌르는 공격을 해야 승산이 있습니다. 무협 영화에서는 무술 동작들에 각종 관념과 의미를 부여해 엄청난 위력이 있는 것처럼 보이게 합니다. 그렇게 관념화된 동작이 아우라와 권위를 만들어내고 사람들을 압도합니다.

　권력기관도 마찬가지입니다. 사법기관은 일상생활에서는 사용되지 않는 초현실적인 관념어로 이루어진 법률용어로 권위를 만들어냅니다. 레거시 언론들의 사설은 예나 지금이나 정해진 형식과 어투로 훈계를 일삼고, 자신들의 사업을 각종 의미와 관념으로 포장해 모객을 합니다. 그러나 이제는 이러한 모든 것들이 중국의 자칭 고수들의 허세처럼 비웃음을 사고 권위를 실추시키는 요소가 되어버렸습니다. 많은 시민들이 넘쳐나는 정보를 접하며 판단력과 시각이 강화되고 있고, 그에 따라 과거에는 통했던 허황된 관념들의 실체를 파악하고 있습니다. 나아가 그런 비현실적인 행동들에 대해 인터넷 공간에서 직접 현실적인 일격을 가하고 조롱하는 시대가 된 것입니다.

　『용산대형』에 등장하는 권력자들은 '자유' '반공' '법치' 등의 관념으로 규정된 무공을 선보입니다. 그러나 현실을 볼 수 있는 시민들의 눈에는 한심한 코미디로 비칠 뿐입니다. 사람들을 현혹하기 위한 비현실적인 무술은 실전에서 일격에 망신을 당할 운명을 갖고 있습니다.

　『용산대형』은 장도리 연속극의 3번째 시리즈입니다. '장도리 사이트'
와 '장도리TV'를 찾아주시고 후원과 구독을 해주시는 많은 독자님 덕에
계속 연재를 할 수 있었고, 또 펀딩을 후원해주신 덕분에 이 책이 세상에
나올 수 있게 되었습니다. 장도리 시리즈는 오로지 독자님들의 힘으로
만들어지고 있습니다. 독자님들의 응원이 헛되지 않도록 실전 만화 무
공을 더욱 연마하겠습니다.

2023년 11월

박 순찬

장도리 연속극

- ♠ 용산대형
- ♣ 진격의 수색대
- ♥ 간도리

용산대형

2023. 4. 26.~2023. 10. 12.

01

아니 무슨..정상회담 시작도 안했는데 벌써 가짜뉴스가 터져? 이번엔 또어디 종북언론이야?

워싱턴포스트와 인터뷰하신 기사입니다

순방중이시니 당에서 매뉴얼대로 대처해야 겠습니다

5번으로 하죠

가짜뉴스 대응
1. 바이든=날리면
2. 기시다=다시다
3. 종북좌파소행
4. 전정권이 싼똥
5. 주어없음

무슨 일인가?

주어없음 공격을 날렸다가 주어있는 녹취록이 공개되어 개망신 독이 전신에 퍼지고 있습니다!

주어없음 신공은 아무나 쓸수있는게 아냐.. 초짜들이 내 허락도 없이 막 갖다 쓰더니 꼴 좋다

다음화에계속

자유
대왕권!

천조국의 기를 받으셔서 그런지 공력이 상승하신 것 같습니다

종북좌파들 이제 다 죽였어

확실하게 선봉에서 북중러와 맞서 싸우며 전국민을 자유수호의 전사로 총단결시켜 자유대한세력의 영구지배를 꾀한다

당정이 하나되어 지도자동지를 결사옹위 하겠습니다!

거 아무래도 우리 공화국 통치 비법이 새나가는것 같소.. 의심가는 총간나가 하나 있긴 한데..

다음화에 계속

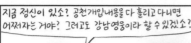

다음화에
계 속

축하드립니다 ~ 셔틀외교 복원되고 한일관계 새 장을 열었습니다 ~

06

기사장 참 괜찮은 양반이네 덕분에 가요도 살고 말이야 뭐 또 퍼줄거 없나?

외교성공을 축하하는 불꽃놀이까지 준비한거야?

저건 남국이 코인 터지는 겁니다 언론에서도 집중보도 중입니다 ~

아주 좋아 공천개입 확실히 덮고 총선까지 좋바가!

거 동무도 조심하시오 동무 지역구 노리는 자들이 많지 않소

내가 누굽니까!? 나는 강철습니다

분당 뻗기면 손가락 자릅니다!

다음화에 계속

07

다음화에 계속

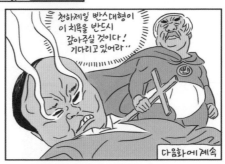

다음화에 계속

11

아니 저건?
알판맨?

알판맨! 어찌된 것이냐? 이 시대의 참언론이자
포장지 수출 산업역군을 시샘한 종북무리들의 습격을 받은 것
인가?

크흑‥이런 꼴을 보여드려
송구합니다‥용산대형의
건폭몰이 위업을 돕기 위해
노조원 분신방조와
유서대필 기사로
오버하다가
자빠진 겁니다

으이그‥얘도 이제
완전히 맛이 갔군‥
쉴도 좀 머릴 써가면서
쳐야지‥이거 영
도움이 안되네‥

다음화에 계속

020

다음화에 계속

Panel 1 (13)

아니 오염수 갖고 왜들 그리 난리인지.. 깨끗한 물에선 물고기가 못산다는 말도 모르나?

지당하신 말씀입니다~

Panel 2

오염수에서 얼마나 많은 인재들이 나오는데 말입니다~

인재까지 나와?

Panel 3

부글부글

채용비리 오염수

Panel 4

공무원 합격은

권성동

오염수 변종 권성동

다음화에 계속

022

다음화에 계속

15

동물농장 출연으로 호감도가 상승했다는 보고입니다~

호감도 올리기엔 개가 최고지

근데 종북좌파들은 SBS시청 거부하겠다는 댓글폭탄을 던지고 있다며?

이게다 일부 불온언론과 유튜브 때문이라니까

걱정마십쇼

지이이잉

과학기술 정보방송통신위원장 접수 장착 완료! 업그레이드된 윤핵관의 힘을 보여드리겠습니다!

기대해라 종북방송, 종북네티즌 들아!

다음화에계속

025

MB맨 오발령!

MB맨 댓글부대장 관진대장군!

MB맨 방송지박왕!

제 2 지박시대가 도래했다‥나도 슬슬 움직일 때가 됐어‥내 원래 지역구 차지하고 있는 놈 간즘 보고왔어?

마라톤 중입니다-

감히 나를 간봐?

분당

바이든은 날려도 난 못날린다

다음화에 계속

또 속죄의 의식을 치르시는 중이군요

그렇다

22

나로 인해 고통받았던 MB맨과
친박 국정농단 세력들이여 ···

너희에게 새 생명을 주는 것이 진정한 속죄의 길이로다

그리고 나는 이명박근혜를 완성시켜
보수 천하통일을 이룬다!

다음화에 계속

23

24

총출동이다

왜 그래? 뭔 난리났어?

휴대폰 찾았습니다! 시민 도움으로··

강력

수색대

역시 세긴 세군·· 더욱 분발해야겠어!

일국의 꽃받쳐!!

군수

다음화에 계속

기껏 회 먹었놨더니 수조물 퍼포먼스가
뉴스를 다 도배해버리네

역시 5선 관록은
무시할 수 없군

수조물 좀 먹는다고 죽냐? 호들갑들은··
선거 얼마 안 남았어. 전쟁은 원래 목숨을
걸고 하는거야

잘 봐

내가 검찰총장
했던 정부는
반국가세력이다

빠가

다음화에계속

잠깐 동작그만!

고속도로가 용산쪽으로 휘었잖아? 어떻게 된거야?

이 자식들이 지금·· 가짜뉴스 갖고 날 의심해? 손바닥 밑에 내가 알았다는 증거 없다는 것에 내 모가지를 건다

있네

이번 판은 나가리야!

다음화에 계속

인물들이 죄다 MB때 복사판이잖아?

왜, 불만있어?

복사 실력이 대단해 이러다 박사 따겠어

아니 지금 퀸스로드 때문에 골치아파 죽겠는데 한가하게 박사타령이야

회드래곤이 나가리 필살기를 써서 막고는 있는데‥ 좌파들 공격이 멈추질 않는다

걱정마십쇼! 워밍업 좀 끝내고 본격 파워풀 드립공격으로 여사님을 지켜드리겠습니다!

저도 임명장만 내리시면 종북좌파들 아주 작살을 내놓겠습니다

찍지마 18 글칠번

다음화에 계속

037

그놈의 리투아니아 신문 때문에 이게 무슨 개망신이냐.. 대처는 잘 하고 있겠지?

네, 호객행위에 홀려서 매장에 끌려가신 걸로 적극 방어중입니다

30

저번엔 날리면이더니 이번엔 홀리면이네?

네, 이번 사태역시 잘 수습될테니 아무 염려마십쇼

아니 내가 호객에 홀려서 아무 가게나 들어가는 사람으로 보여? 나 예술적 주관있는 사람이야~

맞습니다 이 방어책은 우리 알판맨들도 쉴드치기 너무 난해합니다..

제가 나서보겠습니다! 퀸여사님의 명품샵 방문은 패션문화탐방이자 외교행보임을 강조하는 것입니다!

사태도 수습되고 여사님의 가오도사는 일석이조의 방책입니다!

오오..!! 제갈량이 따로 없구나! 훌륭한 의원이로다

다음화에 계속

039

다음화에 계속

33

휘발된 걸
어쩌라고 권!!

영수증   영수증

다들 어쳐구니가 없어서
뻗어버렸군‥역시 조선제일깐죽!
깐죽권 절대지존!

아직 방심해선 안됩니다
집요한 종북세력들이
영수증 트집을 잡고
있어요

걱정마십쇼!
쥐박시절보다 한층
업그레이드 된
공격력으로
트집전문 종북미디어를
전부 쥐박아
버리겠습니다

좋아! 천하제일깐죽권과
레전드 쥐박기술자가 있는 한
두려울건 없다!!

쓴맛을보고싶은자
모두 덤벼라!

다음화에
계속

042

이렇게 훌륭한 인재들을 키워내 주셔서 국정운영에 얼마나 큰힘이 되는지 모릅니다

34

찍지마

그래요·· 모시는 스승이 많은 걸로 아는데·· 그래도 내가 제일 낫지요?

물론입니다, 동관기술자는 벌써부터 공산당신공을 펼쳐 언론들이 납작 엎드리고 있습니다

해봐서 잘압니다

날 감방에 처넣은 자다·· 항상 뒤통수를 조심해라 저자의 속은 아무도 모른다

명심 하겠습 니다

다음화에 계속

043

다음화에 계속

세계 잼버리대회가 위기를 극복하고 성공적인 축제로 거듭나고 있습니다

우리 자유대한의 문물을 접하고 있는 세계 청소년들의 흥겨운 모습을 전해 드립니다

36

그래, 일부 언론이나마 정신을 차리고 있으니 다행이군

공산당 되기 싫으면 정신 차려야지 지들이 별 수 있겠습니까가

역시 스카우트 부대는 믿을만해

이번에 감방에서 빼낸 댓글공작원장도 스카우트 고려해 보시죠

저희 쥐밥 스카우트 부대는 스카우트해주신 은혜 잊지 않고 최선을 다해 용산대형을 모시겠습니다!

찍지마

다음화에 계속

전 정권때문에 다 망할뻔 했는데
위대하신 용산대형의 영도아래 기업,대학,언론,예술인들이
총력전을 수행하여 성공리에 마칠수있게 되었습니다

대학 · 아이돌 · 기업

반국가카르텔의 공격에
깃리자를 준비도 돼 있겠지?

여가부 자폭의 임무는
잊지 않고 있습니다

뿐만아니라 저는 스카우트 대원들의
식단에서 바나나 제외 명령을 내려
바나나 껍데기로 인한 미끄러짐 사고를
사전에 방지 하였습니다

오·· 역시
하버드 출신은
다르군

세계대회를
깨판치고
역대급 국제망신을
당해놓고도
자아비판
한번 없이
정신승리를
하고 있지
않는가!

남조선 카르텔은
상상이상이다
정신 똑바로
차리지않으면
무슨일을 당할지
모르갔어!

다음화에계속

다음화에 계속

수개월전 도쿄

조만간 단행할 오염수 방류에 대한
한국내 여론은 크게 염려안하셔도 됩니다
자… 식사부터 하시죠~

40

기껏 대접한다는게
오므라이스？

그때 기사장이 사준 오므라이스가
나에게 큰 깨달음을 주었다

HARMARD

모든 일은 오므라이스처럼
싸그리 덮인다！

고속도로는 잼버리가 덮고
잼버리는 오염수가 덮고
오염수는 흉범도로 덮는다！！

다음화에 계속

MB 각하의 원수를 갚으러
돌아왔노라

각오해 18
그동안 누르고 있던
성질을 뻗치면
너들은 다 죽은
목숨이다

MB의 원수?
나한테 하는 소리야?

그럴리가 있겠습니까
공산당 문화예술인들에게
경고하는 중이었습니다

좋아, 공산당에 점령된 문화계를
반드시 구출‥ 컥!

꽥!

콰앙

여성가족부야 기다려라
여성가족부 장관이
박살내러 간다

장관직을 걸고
용산정부의 여가부를
드라마틱하게
날려버리겠
습니다!

다음화에
계속

체포동의안 통과!
좋빠가!

42

위험

구속각이었는데 기각이라니··
실화냐?

괜찮으십
니까?

이게 다 반국가세력의 가짜뉴스
선동때문이다··가짜뉴스 인터넷 놈들
전부 진짜 쓴맛을 보게 해주겠다··

열심히 하겠습
니다!

다음화에
계속

훈련강도가 더 세졌군‥
구속영장기각의 충격이
컸던 모양이지?

제가 충격을 받아요? 이 조선제일검이?
깐죽권 레벨을 더 높이는 수련 중이었을 뿐입니다
이것들이 영장기각됐다고 아주 기고만장해져 있는데
제가 가만 안둘겁니다

지속적이고 끈질긴
경찰공격에는 어느누구도
굴복할 수 밖에 없다는 것
잘 아시지 않습니까?

저의 업그레이드된
깐죽권과 언론의
지원사격 까지
합쳐지면
정치생명
휘발시키는것
시간문제입
니다

말은 참
그럴싸하게
잘 하는데‥
도무지 실속이
없단말이야‥

이거 얘만 믿고
있다가 완전히
개 털리는건
아닌지 모르겠네
진짜‥

다음화에 계속

진격의 수색대

2023. 2. 27.~2023. 4. 24.

056

03 아주 그냥 좀이 쑤셔서 혼났는데 언론 스포트라이트 받고나니 좀 낫네

아니 무혐의 결과 나오자 마자 튀어나갔던 거야?

역시 김여사 배짱은 대단해...

제가 축하곡 하나 뽑아보겠습니다

좋빠가

이 배는 알맞으러 강릉가는 ♪배~

공무원 합격은 ♪권성동~♬

다음화에 계속

다음화에 계속

당 장악을
감축 드립니다

경애하는
지도자형님을
결사옹위하여
총선 승리 과업을
완성하겠습니다

수고들 했어. 마삼중, 간잽이
개박살 난 걸 보니 아주
해장이 저절로 되네

지들 주제도
모르고 최고존엄께
대들다가
꼴 좋게
됐습죠

이제 국회만
장악하면
종북세력들을
가루로 만들고
천하를 거머
쥐게된다
!!

윈터랜드 왕궁

사우스랜드 용산궁에 우릴 추종하는
북류가 몰아치고 있소

이게 다
우리 공화국체제의
우월성을 입증
하는 것 아니
겠습니까

다음화에 계속

연포탕이 아주 잘 끓었네~
이게 바로 연대 포용 탕평이지

08

근데 이걸 연포탕이라고 믿어줄까요?
사기쳤다고 역풍이 불진 않을까 우려됩니다

야이 짜샤, 바이든도 날리면이라고 우기면
날리면이 되는 거야,
이장사 첨해봐?

저러니
대표 만드느라
내가 그 개고생을
했지

놀고들 앉아있네‥
기다려라, 제2의
흑화 맛을 보여줄테니…

다음화에 계속

이스트아일랜드

09

감축드립니다

아주 홀딱 벗어주고 갔네

이번 기회에 독도까지 가져와버립시다

미래를 위한 큰 성과를 걸치셨다

종북좌빨의 눈엔 보이지 않는 구국의 옷입니다!

한일관계 회복 만세

근데 여기가 이렇게 추운나라였나?

?? 소맥을 덜 드신것아닙니까?

다음화에 계속

11

그놈의 반일감정을 이용해먹는 놈들이 발목을 잡으니 대한민국이 미래로 나아가지 못하고 있어요

지당하신 말씀입니다

과학고, 예술고도 만들고 스마트폰으로 일자리구하는 기술도 개발하고 종북 빨갱이 잡는 미래를 어서 열어야하는데···

얼마나 고뇌가 크십니까

주 120시간 일하는 미래도 시급하다구요

그래 낙하산으로 꽂은 자리는 일할 만해요?

무슨일을 하는지 몰라서 주 ?분 근무에 연봉 4억이라고 공격하는 자들이 많다지?

미래를 발목잡는 인간들 전부 사퇴하세요!

다음화에 계속

다음화에
계속

뭣이?
빤스가 천하통일을
했다고?

14

돈 좀 벌었다고 별 그지같은 교주 나부랭이를
띄워주고 가관이로다..
내 가르침대로 일본과 함께 미래를 잘
열어나가고 있는 것도 안보이는가?
어디서 건방지게..

정치인들에게
스승님의
가르침이 더욱
필요합니다

고마워
다음 선거도
내가
팍팍
밀어 주지

아이고.. 벌써 후폭풍이
장난아닙니다
바지대표한테서
경고장까지 날아왔지
뭡니까

용산이고
천공이고
다 덤비라
그래

하나님도
까불면
나한테 죽어

다음화에 계속

좋빠가

16

Korea

스트라이크에
환호성

야구광
대통령의
강속시구!

감여사와 함께
신은 운동화의
놀라운 가격

역대급
돌직구더젔쌰

국내브랜드
운동화 착용

야구광 대통령의
국정목표는 오직
국민

자존심도 없어요? 어떻게
명색이 대통령실 홍보한다는
사람들보다 언론이 더 잘하나

열심히 하겠습니다!

언론과의
전쟁이다

다음화에 계속

다음화에 계속

다음화에 계속

뭐? 용산이 CIA도청팀에 털렸다고?

20

어떤 놈들이 폭로한거야? 한미동맹 깨려는 종북좌빨은 전용기탑승 영구금지 시켜!

뉴욕타임스, 워싱턴포스트 입니다··

기사장한테 통수맞은 게 아직 얼얼한데 날리면 이 스··

밖에 나가셔서 말씀하시죠··

또 욕했어?

끊겼습니다··

다음화에 계속

075

지지율이 27%라니 여론조사를 어떻게 한거야? 국익에 전혀 도움이 안되잖아!

지금 밥이 넘어가?

아주 지지율 박살났다고 홍카까지 날 개무시 하던데‥ 뭐? 검사정권이 어쩌구어쩌째?

상임고문직 바로 날려버렸습 니다

진작에 밟아버렸어야 했는데‥

90°폴더에 내가 방심했지‥

다음화에 계속

다음화에 계속

다음화에 계속

아니 지금 국위선양하러 나가는데 배웅하는 사람들이 왜 하나같이 뭐 잘못먹은 표정이야?

아, 나도 좀 나오게 찍어줘! 이거 누가 대통령인지 모르겠네

왜 저리 불안해 하는지 내가 잘 알지

아주 이번에 또 가짜뉴스 날리기만 해봐 전용기 탑승금지로 안 끝날테니까

가짜뉴스없는 미국순방 좋바가!

간도리

2023. 1. 14.~2023. 2. 25.

02

아니?

우리를 간보면서 도망가는 속도를 조절하고있어!

다음화에계속..

다음화에
계속

다음화에
계속

맞아,이렇게 웃어야 도움이 되지

××일보

지난번 벌레 씹은 표정은 도와주겠다는건지
엿 먹이겠다는건지‥마삼중은 가정법원운운

신났더
라고

그러게 말입니다
지금 지가 곤조부릴땝니까?

그런데‥어디서 냄새가‥

킁킁

이건 분명
누군가가
간보는
냄새인데!?

다음화에 계속

13

뭐야. 도망갔다가 벌써 돌아와?

역시 빨리도 간을보는군

쾅ㅇ

저좀이제 그만 건드리시죠? 제가 많이 도와드렸는데 그러시면 안되는거잖습니까

그 말 할라고 돌아온거가

대통령님도 누가 건드리면 가만 안봐두잖습니까 나도 마찬가지거든요?

허ᆢ그럼 이거 원샷으로 다마시면 안건드릴게

바이든은 날리면 윤심은 진리 무조건 충성주

다음화에 계 속

또 간만보고
도망갑니다!

감히‥신성한술을
간보다니‥

까마귀산

인고의시간을
끝낼 때가
왔다‥

존명!
마삼중!

개고기
삼으러
총출동
이다!!

다음화에 계속

장도리 만평

2023. 1. 31.~2023. 10. 13.

새해 들어 김건희 여사의 활동이 왕성해지고 있다.
설 명절에 시장을 찾아 상인들을 격려하고
국민의힘 여성 의원들을 관저에 초청해 오찬을 하는데
정치권에선 김 여사의 식사정치가 우려된다는 반응도
나오고 있다.
대선 당시 주가조작 의혹 등 여러 논란이 나오자
조용한 내조를 약속하며 윤 대통령의 취임 후에도
소위 '비공개' 활동을 조심스레 이어나갔으나
이제 거리낌 없는 광폭 행보를 보이고 있다.
윤 대통령 역시 취임 후 소통을 강조하며
출근길 도어스테핑을 실천했으나 몇 달 만에 그만두고
비판적 언론과 담을 쌓은 채
당에는 비윤을 향한 총기를 난사 중이다.

2023. 1. 31.

대통령실이 한남동 대통령 관저에
천공이 다녀갔다는 의혹을 제기한 전 국방부 대변인과
이를 최초 보도한 기자를 허위 사실 유포에 따른
명예 훼손 혐의로 경찰에 고발했다.
천공의 이런저런 발언과 행동으로
대통령과의 연루설이 끊임없이 흘러나오고 있다.
이에 따른 대통령의 명예와 위신뿐 아니라
국격의 심각한 손상이 우려된다.
그러나 이를 가리키는 손가락만 진압당하는 중이다.

2023. 2. 7.

아들의 퇴직금 명목으로 화천대유로부터
50억 원을 받은 곽상도 전 의원이 무죄판결을 받아
시민들의 분노가 폭발하는 중이다.
6년 근무한 31세의 대리 직급이 50억 원이란 거금을
퇴직금으로 받았음에도 아무런 대가성이 없다는 판결에
다른 50억 클럽 회원들은 안도의 한숨을 내쉰다.
퇴직금은커녕 일하다 죽지 않기만을 바라는
수많은 노동자를 개돼지로 여기면서,
그들의 분노도 곧 사그라들리라 생각하면서.

2023. 2. 10.

2023. 2. 9.

2023. 2. 13.

대장동 개발 사업에서 여러 정치인, 검사, 언론인 들이
뇌물을 받았다는 증거가 드러나고 있지만
50억을 받은 곽상도 전 의원은 무죄판결을 받고
수뢰 언론인들도 유야무야 넘어가고 있다.
시민들을 약탈하는 부동산 비리는 뿌리가 깊고
광범위하게 번져 있어 그 빙산의 일각으로
대장동 사태가 터져 나온 것이다.
그러나 언론은
그들에게 이익을 가져다주는 자들에 대해서는 침묵을 지키고,
이익이 되지 않는 자들은 침소봉대와 마녀사냥을 해
독자들의 관심을 끌기 위한 제물로 이용할 뿐이다.

2023. 2. 14.

조용한 먹방

시민단체 비리이럴수가
친북부패 망국
정의연 비리 인면수심
귀족노조 비리 발본색원해야
계란판방음 확실한거지?
방음효과 망각효과 걱정마세요~
부동산
비리
우적우적
2023.2.14

여당에서 윤핵관들이 '당정일체론'을 띄우고 있다.
윤석열 정부의 성공을 위해 당과 정부가
더욱 긴밀한 관계를 유지해야 한다는 주장인데
윤 대통령을 명예 당대표로 추대하자는 주장까지
나오는 상황이다.
대통령실과 당에선 "당과 혼연일체가 되어야 한다",
"집권 여당과 대통령실이 분리되는 것이 옳다고 볼 수 없다.
늘 같은 책임을 지고 같은 배에 탄 일원" 등의 발언을
쏟아내고 있다.
경찰국을 만들어 경찰을 장악한 검찰 정권이
이제 당과 한 몸이 되겠다고 한다.

2023. 2. 17.

검경당정일체론

이정식 고용노동부 장관이
올해부터 회계 관련 법령을 준수하지 않는 노동단체를
노동단체 지원사업에서 배제할 예정이라고 발표했다.
권성동 국민의힘 의원이 공개한 자료에 따르면,
중앙정부와 지방자치단체가 2018년부터 2022년까지
양대 노총과 관련된 산별, 지역본부 등에 제공한 지원금이
1,500억 원 정도인데, 이에 대해 경제적 제재를
시행하겠다는 것이다.
윤석열 대통령은 "기득권 강성 노조 폐해 종식 없이는
대한민국 청년의 미래가 없다"라며
노조가 사회 발전을 막고 있다고 강조했다.
그러나 대한민국의 로열 클럽은 노조의 생명이 시들어
그들의 기득권이 더욱 굳건해지길 기대하고 있다.

2023. 2. 21.

2023. 2. 16.

2023. 2. 27.

윤석열 대통령이 검찰 출신 정순신 변호사의
국가수사본부장 임명을 강행했으나
아들의 학교폭력 전력이 알려지면서 공분이 일자
임명을 철회했다.
정 변호사의 아들은 피해 학생을
"돼지", "빨갱이"라며 괴롭혔고,
"검사라는 직업은 다 뇌물을 받고 하는 직업이다",
"아빠는 아는 사람이 많다"라고 과시했다고 한다.
대한민국 권력 집단의 행태를 가까이에서 보고
그대로 배운 것이다.

2023. 2. 28.

윤석열 대통령이 3·1절을 맞아
일본이 군국주의 침략자에서
우리와 보편적 가치를 공유하는 파트너가 되었으며
우리는 세계사의 변화에 제대로 준비하지 못해
국권을 상실했다는 내용의 기념사를 발표한다.
시민들은 아직까지 일제 강점기에 대한
제대로 된 사과를 하지 않은 일본 정부를 두둔하고
일본 군국주의 야욕에 기인한 침략을
오로지 우리 민족의 문제라고 평가하는 망언이라며 분노한다.
한국의 우익 권력이 일제 강점의 과거를
왜곡하고 덮으려는 이유는
그들의 권력 기반의 정통성을 지키기 위해서다.
한국의 기득권은 친일과 군사독재로 이어지는 과정에서
그 힘을 얻은 것이기 때문이다.
독립운동가는 3, 4대를 이어 흙수저 계층으로
살아가고 있지만 말이다.

2023. 3. 3.

검찰 출신 인사들이
대통령실과 법무부 등에서 많은 역할을 맡자
검찰 편중 인사가 이루어지고 있다는 비판이 나오고 있다.
국가수사본부장으로 임명된 정순신이
자녀의 학교폭력으로 논란이 일자 스스로 사퇴한 것도,
국가수사본부장에 검찰 출신 인사를 임명하여
경찰을 장악하려다 빚어진 일이다.
검찰공화국 건설을 위해, 오늘도 윤석열차는
군침을 흘리는 검사 출신들을 태우고 달린다.

2023. 3. 7.

2023. 3. 9.

2023. 3. 13.

윤석열 대통령 당선에 큰 역할을 한

두 사람의 신세가 처량하다.

대선에서 젊은 층의 득표율을 높인 이준석 전 대표는

성 상납 관련 의혹으로 징계를 받고

당원 권리가 정지된 상태다.

중도 사퇴는 없다는 선언을 번복하고 막판 단일화를 결심해

윤 대통령이 0.7퍼센트 차의 신승을 거두는 데 큰 공헌을 한

안철수 의원은 당대표 선거 여론 조사에서 1위를 달려왔지만,

윤석열 대통령의 강한 의지 앞에 무릎을 꿇고 말았다.

새로운 당대표로 선출된 김기현 의원은

탕평인사를 선언한 직후

친윤 일색의 주요 당직자 인선을 단행한다.

안철수 의원은 윤을 뽑으면

1년 후 손가락을 자르고 싶어질 것이라고 했다.

1년이 지난 지금 그는 어떤 심정일까.

2023. 3. 14.

2023. 3. 20.

2023. 3. 23.

총체적 위기다.
비판적 언론에 대한 강압적 자세와
여당 대표 선출 과정에서 보여준 민주주의의 훼손,
50억 클럽에게는 관대한
대장동 수사에서 보여주고 있는 불공정,
일본과의 굴욕 협상으로 빚은 외교 참사,
노동 시간 연장을 밀어붙여 노동자 착취 강도 높이기 등
민주주의와 공정과 외교와 노동자의 삶이
위기에 처해 있다.
무엇이든 소맥처럼 말아먹고 있는 중이다.

2023. 3. 21.

미국 애국보수단체인 북미자유민주주의수호연합이
주최한 강연에서 김재원 국민의힘 최고위원이
"전광훈 목사께서 우파 진영을 전부 천하통일을 해서
요즘은 그나마 광화문이 우파 진영에게도
민주노총에 대항하는 그런 활동 무대가 되었다"라고 말했다.
김 최고위원은 최고회의에 불참한 채
미국에 건너가서 문제의 발언을 한 것인데,
얼마 전엔 전 목사의 주일 예배에 참석해
5·18민주화운동 정신의 헌법 수록을 반대한다고 말해
공분을 사기도 했다.
전 목사가 우파 진영을 천하통일 했다는 발언에
멘토 스승과 각종 종교단체의 교주 등 애국종교인들은
어떤 생각일지 자못 궁금하다.
바야흐로 천하통일을 놓고 싸우는 사이비 춘추전국시대다.

2023. 3. 28.

일본 문부과학성이 발표한 2024년도 초등학교 교과서가
왜곡으로 점철되어 있다는 소식이다.
독도는 일본 고유의 땅인데 한국이 불법 점거하고 있으며
일제 강점기 강제동원은 지원이라고 주장한다.
또한 간토 대지진 조선인 학살 내용은 삭제했다.
게다가 일본 언론은 윤석열 대통령이 방일 당시
독도, 위안부 합의, 일본 후쿠시마 오염수 방출에
긍정적인 태도를 보였다는 보도를 쏟아내고 있는 중이다.
한국이 선제적으로 걸림돌을 제거해나간다면
분명 일본도 호응해올 것이고 물잔의 반을 채웠으니
나머지 반은 일본이 채울 것이라며 퍼준 결과다.
외교를 하고 온 것인지
카지노에 가서 다 털리고 온 것인지
구분이 되지 않는다.

2023. 3. 31.

2023. 3. 16.

2023. 4. 6.

조수진 국민의힘 의원이 쌀 소비 대책이라며
"여성분들 다이어트를 위해 밥을 잘 먹지 않는 분들이 많은데
다른 식품이랑 비교하면 오히려 칼로리가 낮다"라며
밥 한 공기 비우기 운동을 제안해 큰 주목을 받고 있다.
시대착오적 해법이라는 비난과 먹방정치 하고 있느냐는
조롱이 쏟아지고 있는 것이다.
노동 시간을 늘려 경제문제를 해결하려는 여당이
농촌문제 역시 소비자의 쌀 소비 확대로 해결하려 한다.
국민들에게 모든 짐을 떠안기고 부려먹으려는 이유는
정치인들의 머릿속에 정치논리가 아닌
구시대적 지배논리가 깊숙이 자리 잡고 있기 때문이다.

2023. 4. 7.

일 더하고 밥 더 먹자!

미국 중앙정보국이 한국 대통령실의 국가안보실을
도·감청했다는 사실이 드러나 파문이 일고 있다.
그러나 국가 주요 기관이 털리고 국권이 침해당한
중대 사건 앞에서 미국에 대한 정부의 대응은
담담하기만 하다.
대통령실 고위 관계자가 사실 파악이 우선이라고 강조하며
한미 동맹에 악재가 되어선 안 된다는 입장을 밝힌 것이다.
노리어 한미 정상회담을 앞둔 시점에서 이번 사건을
과장, 왜곡해서 동맹 관계를 흔들려는 세력이 있다면
많은 국민으로부터 저항을 받게 될 것이라고 경고까지 한다.
한일 정상회담에서 퍼주기 외교를 벌인 후 터져 나온
분노 여론에 대해 반일 감정을 부추긴 결과라고 했던 정부가
이번에도 역시 애꿎은 국민들에게 화살을 돌리려 하고 있다.

2023. 4. 11.

믿습니다

2023. 4. 13.

2023. 4. 20.

홍준표 대구시장이 전광훈 목사를 둘러싼 잡음과 관련해,
전 목사 같은 사람이 설치는 세상이 되어선 안 되고
거기에 빌붙어 최고위원이나 당 간부 하려고 설치는 사람이
당을 운영해선 안 된다고 일갈했다.
또 내년 총선에서 검사 출신들이
영남권에 대거 공천받을 것이라는 소문에 대해
"지금도 검사 정권이라고 공격하는데 검사가 많이 나오면
전국적으로 망할 것"이라고 주장했다.
홍 시장의 쓴소리가 이어지자 국민의힘은
홍 시장을 당 상임고문직에서 해촉하는 것으로 반응했다.
해촉 소식을 접한 홍 시장은 "엉뚱한 데 화풀이를 한다.
문제 당사자 징계는 안 하고 나를 징계하나",
"입당 30여 년 만에 상임고문 면직은 처음 들어본다.
내 참, 어이없는 당이 되어가고 있다"라고 SNS에 글을 남겼다.
최고 존엄에게 90도로 인사하며 처세를 해오던 홍 시장이
윤석열 정권 1년이 지난 길목에서 "내부 총질파"에 합류해
향후 행보가 주목을 끌고 있다.

2023. 4. 14.

김재원 국민의힘 최고위원의 천하통일 발언과
이에 반발한 홍준표 지사의 상임고문직 박탈 등 최근
여당 분란의 주인공인 전광훈 목사가 기자회견을 단행한다.
전 목사는 회견에서 국민의힘에 공천권 폐지를 요구하며
이 제안을 받아들이지 않으면 광화문을 중심으로
자유우파, 기독교, 불교, 천주교를 연대하고
새로운 정당을 만들어 여당의 버릇을 고치겠다고 협박한다.
김기현 대표는 이에 대해 "기가 막히고 어이가 없다.
그 입을 당장 좀 닫아주셨으면 좋겠다"라고 반응했으나
뾰족한 수는 없어 보인다.
김재원 최고위원의 말대로
그는 천하통일의 왕좌에 앉아 있는 것인가.

2023. 4. 18.

윤석열 대통령이 로이터통신과의 인터뷰에서
우크라이나 군사 지원 가능성을 언급해 파장이 일고 있다.
그동안 한국 정부는 교전 국가에 무기 수출을 금지한
국내 정책을 들어 미국의 군사 지원 요구를 거절해왔지만
윤 대통령이 정책 변화를 시사한 것이다.
이에 대해 러시아는 즉각 반발하며
한국이 우크라이나에 무기를 제공하면 적대 행위로 간주하고
북한에 최신 무기를 제공하겠다는 엄포까지 놓고 있다.
무조건 한미일 동맹만을 외치는 좆빠가식 외교가
국민들을 불안의 늪으로 끌고 가는 중이다.

2023. 4. 21.

2023. 4. 24.

2023. 4. 27.

한미 양국이 확장억제 강화 방안을 담은
워싱턴 선언을 발표했다.
이 선언을 통해 미국이 전술핵을
한반도에 재배치하지 않을 것을 명문화했는데,
이는 한국의 보수 언론과 정치권을 중심으로 일고 있는
독자 핵무장 요구에 쐐기를 박은 것이다.
대신 미국은 전략핵잠수함 등의 전략자산을
한반도에 더 자주 전개해 북핵 위험에 대응하는
확장억제력의 실행력을 더 높이기로 했지만
전략자산을 상시로 전진 배치하는 것은 아니고
전술핵무기를 포함한 미국의 어떤 핵무기도
한반도에 재배치할 계획은 없다는 것이 강조되고 있다.
뉴욕타임스는 "자체 핵무기를 바라는 한국 내 요구를
진정시키기 위한 의도"라고 평가했다.
CNN은 "한반도에 전술핵 배치를 하지 않고,
한국을 안심시킬 방안을 찾은 것"이라고 분석했다.
미국이 어떤 선택을 하든
한국의 보수집권층은 그에 따를 뿐이다.

2023. 4. 28.

2023. 5. 1.

2023. 5. 4.

윤석열 대통령의 미국 순방 후폭풍이 거세다.

확장억제 강화에 치중한 워싱턴 선언이

북·중·러의 반발을 불러일으키고 한반도엔 찬바람이 몰아치니

구시대적 냉정 세력들이 기지개를 펼 조짐이다.

외교적 전략은 보이지 않고

미국을 맹종하는 듯한 행동으로 인해 경제적 실리를 잃고

30년 북방외교의 공든 탑이 무너졌다는 평가가 나오고 있다.

윤 대통령은 줄곧 미래를 위한 해법임을 강조하며

대법 판결까지 무시한 강제징용 피해자 제3자 변제 강행,

부동산 및 재벌 규제 완화, 노동 시간 확대 등

다수 시민의 희망과는 동떨어진 길을 거침없이 걷는 중이다.

소수 계층의 미래를 위해

많은 것을 처참하게 희생시키고 있다.

2023. 5. 2.

윤웍

2023. 5. 8.

2023. 5. 11.

기시다 후미오 일본 총리가 방한해
윤석열 대통령과 한일 정상회담을 가졌다.
윤 대통령이 일본을 순방해 기시다 총리와 회담한 지
52일 만에 다시 만남을 가진 것이다.
대통령실과 여당은 12년 만에 재개된 셔틀외교로
양국 간의 현안들을 풀어갈 소통의 장이 열렸다며
큰 의미를 부여하는 중이다.
셔틀외교라는 단어는 양국의 정상이
수시로 상대국을 찾아 소통한다는 의미로 사용되고 있다.
그러나 대다수 국민의 눈엔
굴욕감을 안겨주는 빵셔틀로 비쳐지고 있다.

2023. 5. 9.

윤석열 대통령이 김관진 전 장관을
대통령 직속 국방혁신위 위원에 임명했다.
김관진 전 장관은 2012년 당시 이명박 후보의
대선 승리를 목적으로 당시 정부와 여당을 옹호하고
야당을 비난하는 댓글 9,000여 건을 올리도록 지시한
댓글공작 사건으로 1심과 2심에서 유죄판결을 받은 인물인데,
당시 김 전 장관을 기소해 재판에 넘겼던 서울중앙지검의
수장이 윤 대통령이다.
그러나 일부 언론에선 김 전 장관에 대해
북한이 가장 싫어하는 인물이고
국방 개혁 적임자라는 평가를 내리며
윤 대통령의 선택을 환영하고 있다.
자신이 잡아넣었던 여론 조작 범법자에게 감투를 씌워준
대통령의 의중은 과연 무엇일까 궁금해진다.

2023. 5. 12.

딱지

2023. 5. 15.

2023. 5. 18.

5·18민주화운동 43주년을 맞아 5·18 정신

헌법 전문 수록에 대한 요구가 더욱 거세지는 중이다.

5·18 정신 헌법 전문 수록은 윤석열 대통령의 대선 공약으로,

시민사회는 헌법 수록을 위한 논의에 즉각 나서달라고

요구하고 있는데 윤 대통령은 작년에 이어 올해도

이에 대한 언급을 피하고 있다.

게다가 대통령실은 야당의 원포인트 개헌 제안에 대해

"국면 전환용 꼼수"라고 비판하는 등

대통령의 약속을 뒤집으려는 움직임을 보인다.

윤 대통령은 대선 때 약속이었던 간호법 제정안에 대해서도

거부권을 발동해 간호계의 강한 반발을 불러일으키고 있다.

공약이라는 양머리를 보고 투표한 시민들이

선거가 끝난 뒤 개고기였음을 깨닫고 분노하지만

이미 돌이킬 수 없는 일이다.

2023. 5. 19.

LG디스플레이에 근무하는 40대 직원이
서울 여의도 한강변에서 숨진 채 발견되었는데
사망 원인이 과도한 업무 부담으로 인한
극단적 선택이라는 주장이 나오고 있다.
어떤 직장인 커뮤니티에는
"고인이 결혼기념일에 새벽 3시까지 야근했다"라는
글이 올라오기도 했다.
한 직장인의 죽음을 두고 인터넷 커뮤니티가
사건의 진상을 파헤치기 위해 분주한 가운데
노조원의 분신에는
자살 방조 의혹까지 제기하며 관심을 보이던
신문을 비롯한 대다수 언론들은
대기업에서 발생한 비극적 사건에 대해서는
뒷짐을 지고 있는 형편이다.

2023. 5. 23.

2023. 5. 22.

2023. 5. 25.

일본 정부가 후쿠시마 원전 오염수 해양 방류를
적극 추진하고 있어 이웃 국가인 한국의 국민들은
불안의 나날을 보내고 있다.
그런데 정부와 여당은 시민들의 불안감을
단지 괴담 때문이라고 치부하며
일본 정부의 입장만을 옹호하는 중이다.
국민의힘이 옥스퍼드 명예교수라는 사람을 초청해
후쿠시마 오염수를 10리터도 마실 수 있다는 발언을
이끌어내는 이벤트를 진행한 데 이어
김대기 대통령실 비서실장은
"후쿠시마 원전 사고가 터지면서 오염수보다 더한 것들이
바다로 나갔지만, 우리 수산물 등에 문제가 없었다"라며
연일 일본 정부에 힘을 실어주고 있다.
한국 정부가 일본 정부에게
든든한 우방의 역할을 하고 있을 때
시민들은 뒷전에서 한숨만 쉬고 있을 뿐이다.

2023. 5. 26.

동물들의 다양한 사연을 담은 내용으로
많은 시청자의 사랑을 받고 있는 텔레비전 프로그램
「TV 동물농장」에 대통령 부부가 출연해 논란이다.
SBS 시청자 게시판엔 "일요일 아침의 힐링 프로그램을
꼭 이렇게 정치적인 목적에 이용해야겠느냐",
"대통령 홍보 방송", "시청 끊겠다",
"「TV 동물농장」이 정치 꼭두각시 노릇을 하다니,
22년 만에 안 보기로 결정한다", "「TV 동물농장」 같은
장수 프로그램 시청자들에게 똥을 뿌리네" 등의
비판 글들이 쇄도하고 있다.
가뜩이나 하락세에 있는 올드 미디어들을
언론농장에 가두어 이용하려는 권력의 시도가
얼마나 성공할지 의문이다.

2023. 5. 30.

2023. 4. 17.

2023. 6. 1.

서울시가 북한 우주 발사체에 대한
경계경보 재난문자를 발송해 큰 혼란이 발생했다.
시민들은 이로 인해 출근길에 많은 불편을 겪었고,
문의 폭주로 온라인 서비스가 마비되기도 했다.
오세훈 서울시장은
"현장 실무자의 과잉 대응으로 볼 수 있지만
오발령은 아니었다. 안전에는 타협이 있을 수 없고
과잉이다 싶을 정도로 대응하는 것이 원칙"이라고 밝혔다.
이태원 참사 당시 서울시가 보여줬던 안이한 대응과는
매우 다른 모습이다.
한국의 자칭 보수 세력은 아무리 무능해도
오로지 북한의 위험을 강조하기만 하면
만사형통이기 때문이다.

2023. 6. 2.

한동훈 법무부 장관의 개인정보를 유출한 혐의로
경찰이 MBC를 압수 수색한 이후,
이번에는 최강욱 의원에 대한 압수 수색을 강행했다.
경찰은 개인정보보호법 위반 혐의를 조사하기 위한 것이라며
압수 수색의 정당성을 강조하고 있지만
인사청문회 자료는 공직 후보자 검증을 위한
공익적 성격이 강하므로 의원실을 통해
기자들이 입수하는 것이 일반적이다.
그럼에도 경찰이 언론사 뉴스들과 기자의
휴대폰 및 자택과 차량, 의원 핸드폰 등을 대대적으로
압수 수색한 것에 대해 과잉 수사라는 비판이 쏟아진다.
민중의 지팡이가 되어야 할 경찰이
정권 2인자의 지팡이가 되어 과잉 충성의 모습을 보이고 있다.

2023. 6. 6.

2023. 6. 5.

2023. 6. 12.

윤석열 대통령이 임기가 두 달 남은
한상혁 전 방송통신위원장을 면직 처분하고
이동관 대외협력특보를 새 방통위원장에 내정했다.
이 특보는 이명박 정부 당시 청와대 홍보수석을 역임하며
공영방송 사장 강제 교체 등 방송 장악에 앞장섰던
인물이기 때문에 언론계의 우려가 크다.
그뿐만 아니라 이 특보의 아들이 고교 시절 학폭을 저질렀고,
이 특보가 영향력을 행사했다는 의혹까지 터져 나왔지만
이 특보는 적극 해명에 나서며 물러서지 않을 태세다.
이명박 전 대통령의 사면과 함께
MB정권의 언론 장악 재방송이 다가오고 있다.

2023. 6. 9.

방폭이
온다

TBS가 혁신안을 발표하면서

앞으로 시사 프로그램을 제작하지 않겠다고 밝혔다.

정태익 TBS 대표이사는 고개를 숙이며

특정 프로그램에 예산을 과하게 집중하는 오류를 범했으며

진심으로 사과드린다고 말했다.

오세훈 서울시장 취임 이후 편향성 시비에 휘말렸던

「김어준의 뉴스공장」을 폐지한 바 있는 TBS가

이제 아예 시사 프로그램을 제작하지 않겠다고 선언하며

납작 엎드린 것이다.

윤석열 대통령은 MB정권 시절 방송 장악으로 악명을 떨쳤던

이동관 특보의 방송통신위원장 임명을 강행할 태세다.

방송이 권력의 전리품이 되는 구태를 또 보여준다면

시민들은 더 이상 방송을 필요로 하지 않을 것이다.

2023. 6. 13.

싱하이밍 주한 중국대사가
더불어민주당 이재명 대표와의 만찬 중에 윤석열 정부의
외교정책을 비판해 파문이 일고 있다.
싱 대사가 "일각에선 미국이 승리하고
중국이 패배할 것이라는 데 베팅을 하고 있다.
이는 분명히 잘못된 판단이다.
단언할 수 있는 것은 현재 중국의 패배를 베팅하는 이들이
반드시 후회한다는 점"이라고 한 것이다.
국민의힘은 "명백한 내정간섭이자 심각한 외교 결례"라며
싱 대사와 만찬을 가진 이 대표에 대해선
"삼전도의 굴욕마저 떠올리게 한다"라고 맹공격했다.
여기에 윤 대통령까지 나서 "싱 대사의 부적절한 처신에
국민들이 상당히 불쾌해하고 있다. 싱 대사를 위안스카이라고
평가하는 사람들이 많더라"라며 정부와 여당이 총출동해
반중 감정을 자극하고 있다.
대일 굴욕외교에 대해 비판하는 사람들에게 반일 감정을
정치적으로 이용한다며 비난하던 때와는 다른 모습이다.
반중 감정과 달리 반일 감정은 계급적 문제를 내포하고 있다.
일제에 협력한 대가로 부와 권력을 쌓은 세력들이 남긴 자산이
여전히 한국 사회를 지배하고 있기 때문이다.

2023. 6. 16.

2023. 6. 16.

2023. 6. 26.

대입 수능을 5개월 앞두고
윤석열 대통령의 입시 관련 발언이 터져 나와
수험생들이 대혼란에 빠지고 온 나라가 떠들썩하다.
대통령이 사교육비 경감을 위해
수능에서 학교 수업 밖의 내용을 출제하지 말라고 지시한 이후
여당은 소위 '킬러 문항'을 수능 출제에서 배제하기로 하고
정부는 사교육 카르텔의 집중 단속을 선포한다.
한국의 입시 문제는 대입 수능을 치르는 날에
비행기 이륙이 금지될 정도로
전 국민의 에너지와 비용을 집어삼키는 블랙홀이다.
이는 학벌에 따라 사회적 기회가
매우 다르게 주어지기 때문이다.
승자가 독식하고 불공정한 과정이 처벌받지 않는 사회에선
혜택받은 그룹으로 들어가기 위한 경쟁이 치열할 수밖에 없다.
윤석열 정부는 이러한 문제는 외면하고
자유시장주의와 능력주의로 포장된
기득권 중심의 정책을 펼치면서
한국병의 표면적 증상일 뿐인 사교육을 때려잡겠다고
나서고 있는 것이다.

2023. 6. 27.

윤석열 대통령이 단행한 개각에 등장하는
인물들의 면면이 화려하다.
통일부 장관으로 내정된 김영호 교수는
김정은 체제 파괴를 주장하고, 제주 4·3사건이
대한민국 성립에 저항한 좌파 세력의 반란이라는 주장과
친일 독재를 미화한 내용이 담긴 대안 교과서의 필진이다.
김홍일 국민권익위원장 후보자는
도곡동 땅과 BBK 의혹 수사 책임자로, 이명박 대선 후보에게
면죄부를 준 당사자라는 비판을 받는다.
김채환 국가공무원인재개발원장 후보자는
촛불 시위에 중국인들이 대거 참여했다거나 문재인 대통령이
군인들에게 생체 실험을 했다고 주장하는 인물이다.
수구냉전과 극우의 썩은 물이 흘러들어오고 있다.

2023. 7. 4.

윤석열 대통령이 유인촌 전 문화체육부 장관을
문화체육특별보좌관으로 임명했다.
유 신임 특보가 이명박 정부의 문체부 장관을 역임하던 당시
국정원은 블랙리스트를 만들어 좌파로 분류된 배우들의
출연 기회를 막는 등 문화예술인들을 탄압했다.
또한 국정감사장에서 기자를 향해
"사진 찍지 마. XX, 찍지 마. XX, 성질 뻗쳐서 정말"이라고
한 것은 막말의 레전드로 전해지고 있다.
조만간 방송통신위원장에 임명될 것으로 예상되는
이동관 특보와 함께 MB정권 시절 언론계와 문화계에
악명을 떨치던 인사들이 귀환하고 있다.

2023. 7. 7.

김건희 여사를 둘러싼 의혹이 또 튀어나왔다.
국토교통부가 서울-양평고속도로 종점을
김건희 여사 일가의 땅이 있는 곳으로 변경해
파문이 일고 있는 것이다.
원희룡 국토부 장관은 가짜뉴스에 반박하겠다며
기자회견을 열어 김 여사 일가의 땅이 종점에 있다는
사실을 알았다면 장관직과 정치생명을 걸겠다면서
고속도로 건설 전면 백지화를 선언했다.
그러나 원 장관이 지난해 국감 과정을 통해
김건희 씨 일가의 땅이 종점 변경이 추진된
양평군 강상면 병산리에 있다는 사실을
인지하고 있었던 것으로 드러났다.
쉬지 않고 터져 나오는 각종 의혹에도 불구하고
일부 주요 언론과 검찰, 경찰의 충성심을 방패 삼아
김 여사는 권력의 고속도로를 질주 중이다.

2023. 7. 11.

패션퀸

고속도로
카펫

2023. 7. 6.

2023. 7. 1.

윤석열 대통령이 기시다 후미오 일본 총리와 회담을 갖고
후쿠시마 오염수 해양 방류를 인정한다는 입장을 밝혔다.
기시다 총리는 해양 방출 안전성에 만전을 기해
자국민들 및 한국 국민의 건강과 환경에 악영향을 주는 방출은
하지 않겠다고 했지만, 윤 대통령이 요청한 방류 점검 과정의
한국 전문가 참여에 대해선 언급하지 않았다.
정부 여당은 오염수 처리 과정이
국제 안전기준에 부합한다는 IAEA 발표를 강조하며
오염수에 대한 우려를 불식시키려 하고 있으나
대다수 국민은 오염수 해양 방류에 반대하고 있고
대통령의 굴욕외교를 비판하는 상황이다.
윤 대통령과 기시다 총리는 회담에서
북한의 미사일 도발과 핵 위협을 비난하고
한일 공조를 확인했다.
그러나 한국과 일본 정부는 도쿄전력의 핵 오염수 도발로부터
국민들을 보호할 생각이 없다.

2023. 7. 14.

*오라이: ALL RIGHT
(마셔도 괜찮아 출발~)

기록적인 폭우가 남긴 상처가 크다.

사망자와 실종자 수는 49명으로

12년 만에 최대를 기록한 것으로 나타났다.

정부의 안일한 대응을 질타하는 목소리가 쏟아지고 있으며

SNS에는 '무정부 상태'란 해시태그가 다시 등장했다.

수해에도 불구하고 대통령이 귀국을 미루면서까지

우크라이나를 방문한 것에 대한 비판이 나오자

대통령실은 "대통령이 당장 서울로 뛰어가도

상황을 크게 바꿀 수 없는 입장"이라는 반응이다.

땅 투기를 위해 고속도로까지 휘어주던 때와는

너무나 다른 무책임한 모습이다.

2023. 7. 18.

한동훈 법무부 장관이 삼성의 불법 합병과 관련해
한국 정부가 엘리엇에 약 1,300억 원을 지급하라는
국제상설중재재판소의 판정에 불복하여
취소소송을 제기했다.
그러나 이재용 회장의 경영권 승계를 위한
정부 개입의 불법성이 확정된 사안이라
승산 없는 취소소송이며, 이를 감행하는 것은
구상권 청구의 여론을 잠재우고 이 회장에 대한
면죄부를 주기 위한 액션이라는 평가가 나온다.
기득권 그룹은 서로 끈끈한 연결고리로 이어져
상부상조하며 그들의 부와 권력을 유지한다.
그것은 많은 노동자로부터 냉혹한 방식으로
거두어들인 것이다.

2023. 7. 21.

2023. 7. 20.

2023. 7. 24.

윤석열 대통령의 장모 최은순 씨가
349억 원의 은행 잔고 증명서를 위조한 혐의로
징역 1년을 받고 법정 구속되었다.
대통령의 장모가 구속된 초유의 사건에 대해 대통령실은
"사법부 판단에 왈가왈부하지 않겠다"라며
사과 발언 하나 없이 묵묵부답이다.
게다가 반복되는 대형 참사와 정부의 무능한 대처에 대해
지금이 무정부 상태와도 같다는 시민들의 분노에도
정부는 사과 한마디 하지 않고 있으니
과연 현 정부는 어떤 의식 상태인지
진단이 필요한 형편이다.

2023. 7. 25.

새내기 교사가 스스로 목숨을 끊는 일이 발생해 많은 이가
안타까운 마음으로 추모하며 교육 현실을 돌아보고 있다.
사망 원인으로 학부모의 갑질이 거론되며
교권 침해에 대한 논란이 이어지는 가운데
'공교육 정상화를 위한 전국 교사 일동'의 집회에서는
"우리가 원하는 것은 낡아빠진 옛날의 교권이 아니다.
교사에게 권위가 아닌 존중을, 권력이 아닌 인권을
보장해달라"는 외침이 있었다.
그런데 대통령실 관계자는
"최근 발생한 초등 교사의 극단적 선택은 학생인권조례가 빚은
교육 파탄의 단적인 예다. 과거 종북주사파가 추진했던
대한민국 붕괴 시나리오의 일환"이라며
색깔론까지 동원해 학생인권조례를 범인으로 지목하고,
대통령도 학생인권조례 개정을 추진하라고 지시해
교권과 학생의 인권을 상충하는 가치로 바라보는 인식에
문제가 있다는 비판이 일고 있다.
교육 현실을 면밀히 조사하고 신중히 접근하여
학생과 교사의 인권이 보장되는 방향을 모색하는 대신
도사의 관심법으로 사냥을 하는 방식은
어렵게 진전시켜온 가치들을 일거에 무너뜨리는
우를 범할 수 있다.

2023. 7. 28.

검찰이 제출한 업무추진비 영수증이
백지처럼 식별이 안 된다는 야당 의원의 지적에 대해
한동훈 법무부 장관이 "영수증을 오래 보관하다 보니
잉크가 휘발된 것"이라고 답해 시민들은 어이없다는 반응이다.
그동안 베일에 가려져 있던 대검찰청과 서울중앙지검의
특수활동비와 업무추진비가 대법원 확정판결로 공개되었지만
대검과 서울중앙지검이 공개한 업무추진비 영수증 575건 중
식별과 판독이 불가능한 영수증은 350건으로
전체 영수증의 61퍼센트나 되었다.
검찰은 윤석열 검찰총장·서울중앙지검장 시절의
업무추진비 영수증을 식당 이름과 카드 결제 시간을
모두 지우고 공개했다.
국민들의 세금을 함부로 쓰면서도 매우 당당한 모습이다.

2023. 8. 1.

축제에 참가한 죄로 150여 명이 죽고
폭우가 쏟아졌다는 이유로 수십 명이 죽는다.
그러나 정부의 모습은 보이지 않고 책임지는 사람도 없다.
오송 참사 네 시간이 지나
지하차도 현장에 도착했던 김영한 충북지사가
"내가 빨리 갔어도 바뀔 것은 없었다"라고 말해
시민들의 분노를 일으킬 뿐이다.
새만금에서 열린 세계스카우트잼버리 대회는
열악한 환경과 부실한 운영으로 온열 환자가 속출하는 등
국제 망신으로 기록될 전망이다.
사회의 안정과 시민의 안전을 보장해주는 존재가
보이지 않는다.
각자도생의 계절이다.

2023. 8. 4.

2023. 8. 3.

2023. 8. 7.

새만금 세계스카우트잼버리 행사가
조직위원회의 준비 소홀과 운영 미숙으로
참가자들의 큰 불편과 고통을 초래하면서
세계만방에 망신살이 뻗치고 있다.
이러한 사태에 대해 대통령실과 여당은
새만금 잼버리 행사가 전 정부에서 5년 동안 준비한 것이라며
문재인 정부의 실책이지 현 정부의 잘못이 아니라고 주장한다.
게다가 여권 일각에선 그동안 많은 반대에 부딪혀
실행하지 못하고 있는 여성가족부 폐지를 추진하는
기회로 삼고 있다.
윤석열 정부는 지금까지 무수한 피해를 발생시킨
재난에 대처하는 것에 무능한 모습을 보이면서도
제대로 된 사과와 책임지는 태도를 보이지 않았다.
이번 잼버리 사태에 대해서도 전 정부에 책임을 떠넘기고
여성가족부 폐지라는 정치적 목적을 이룬 후
면죄부를 받으려 할 것이다.

2023. 8. 8.

2023. 8. 10.

2023. 8. 14.

미 국방부가 한미일 군사훈련 시
동해를 일본해로 표기하겠다고 밝혀 파문이 일고 있다.
국방부는 이에 대해 미 측과 긴밀하게 협의하겠다는 입장뿐
적극적으로 항의하는 태도는 보이지 않고 있어
시민들은 분노할 수밖에 없다.
미국에서 열리는 한미일 정상회담에서는
한미일 간 삼각공조가 강화될 전망인데,
한미일 3국 간 군사훈련 정례화가 추진되어
사실상 한미일 군사동맹이 출범할 것이라는
분석이 나오고 있으며, 한반도와 동아시아에
신냉전 대결 구조가 고착화될 것이라는
우려의 목소리가 나온다.
미국과 일본에 끌려다니기만 하는 외교가 계속되고 있다.

2023. 8. 18.

미국이 대중국 견제 의지를 강하게 드러낸
한미일 정상회의 이후 한반도가 미중 신냉전의
최전선에 서게 될 것이라는 우려가 커지고 있다.
중국은 진영 대결의 위험을 격화시킬 것이라며
민감한 반응을 보이는 등 벌써부터 긴장의 기운이
싹트고 있는 것이다.
미국의 이익을 위해 구축되고 있는 신냉전 구도 속에서
한국이 방패막으로 이용되지 않길 바랄 뿐이다.

2023. 8. 22.

일본 도쿄전력이 결국
후쿠시마 원자력발전소의 오염수 방류를 단행했다.
앞으로 후쿠시마 제1원전의 폐로가 종료될 때까지
30년 이상 방류를 계속할 예정이라고 한다.
일본 정부는 환경오염과 어민들의 막대한 피해가 예상됨에도
불구하고 오염수 저장 비용을 절감할 수 있는
해양 방류를 선택한 것이다.
한국 정부는 미국이 바라는 한일 관계의 유지를 위해
일본 정부의 결정에 순응만 할 뿐이다.
무능한 정부를 가진 국민들의 피해가 나날이 커지고 있다.

2023. 8. 25.

윤 대통령이 국민의힘 의원 연찬회에 참석해서
최근 정국에 대한 입장을 밝혔다.
윤 대통령은 "철 지난 엉터리 이념에 우리가 매몰되었고
정확한 철학과 방향성이 없다"라며 "어떻게 나아갈지 명확하게
방향을 설정하고 좌표를 분명히 인식해야 한다"라고 말했다.
또 도쿄전력의 오염수 방출에 반대하는 여론과 관련해서
"후쿠시마 원전 오염수 해양 배출에 대해
1 더하기 1을 100이라고 하는 사람들"이라며
비과학적 주장으로 국가적 혼란을 야기한다는 취지로
목소리를 높였다.
정권에 비판적인 사람들이 공산주의 세력으로 낙인찍히고
육군사관학교에 있는 홍범도 장군의 흉상이 쫓겨나고 있다.
종교적 마녀사냥으로 권력을 강화하려는 자들이
과학을 입에 올리고 있다.

2023. 8. 29.

반공
전체주의

2023. 8. 21.

2023. 8. 28.

육군사관학교가

교내에 설치된 홍범도 장군의 흉상을 퇴출한다.

홍 장군의 소련 공산당 활동이

육사 정체성과 맞지 않는다는 이유다.

대통령실도 흉상 퇴출 방침을 두둔하고 나섰는데,

남조선노동당 활동 전력이 있는 박정희 전 대통령의

육사 호국비 존치와 모순된다는 야당의 지적에

김대기 대통령실 비서실장은 "전향을 한 것과

끝까지 그렇게 가신 분은 다르다"라고 주장했다.

일본군 출신으로서 군사 쿠데타를 벌인 독재자는

영웅으로 추앙받고

나라의 독립을 위해 몸 바친 인물은

흉상조차 세울 수 없는 현실이 되어버렸다.

2023. 9. 1.

2023. 9. 4.

2023. 9. 14.

북한에서 국내 반국가 세력에게 일본 원전 오염수 방류에 대한
반대 활동 지령을 보내고 있다고
국정원장이 주장했다.
대통령이 반공을 기치로 내걸면서
육군사관학교는 홍범도 장군 흉상 철거를 강행하고
이동관 방통위원장은 공산당 기관지를 운운하는 등
구시대적 매카시즘의 광풍이 불고 있는 중에
국정원장도 서둘러 존재감을 과시한 것이다.
실정을 덮고 총선 승리를 위해 빼어 들 수 있는 카드가
철 지난 빨갱이 몰이뿐이라는 사실이
윤석열 정부가 가진 국정 운영 능력의 수준을
보여주고 있다.

2023. 9. 5.

국정원의
각성

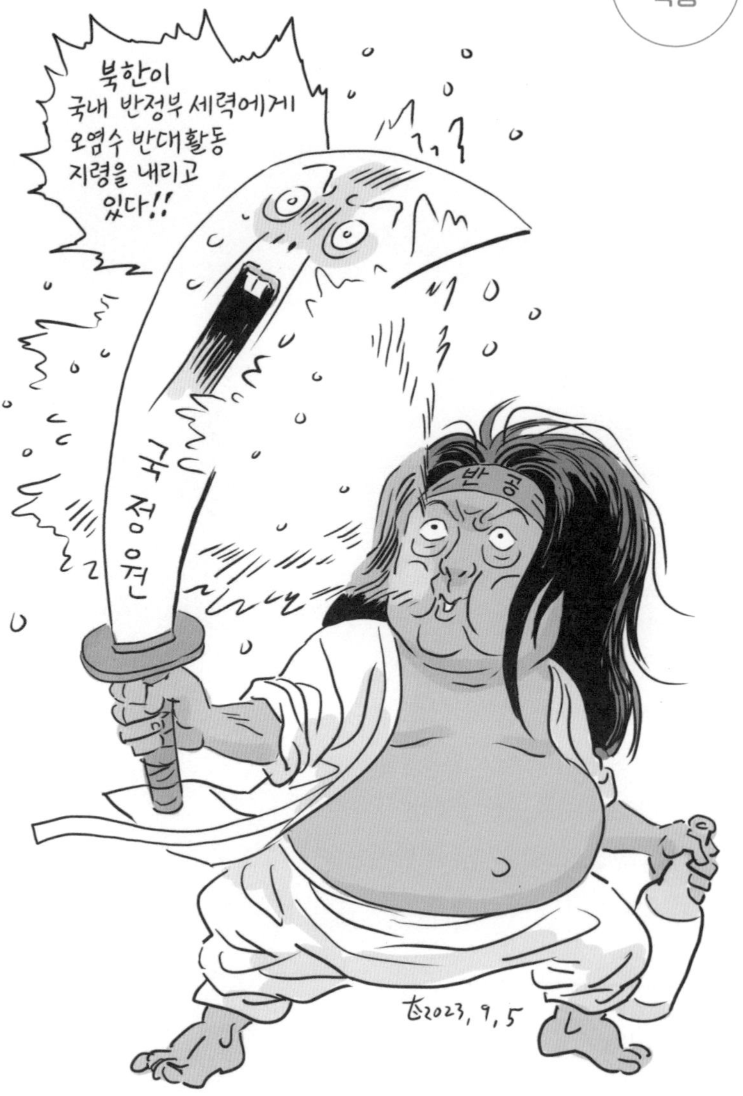

「조선일보」와 ABC협회의 부수 조작 사건에 대해
경찰이 증거 부족으로 무혐의 결론을 내렸다.
이에 대해 민주언론시민연합은
"비닐 포장을 뜯지도 않은 채 전 세계로 헐값에
폐지가 되어 수출되는 '계란판 신문'의 출처가 어디인지,
이렇게 조작된 신문 부수를 근거로 정부 광고비를 산출하고
각종 보조금을 타온 언론사 부조리를 바로잡을 기회를
또다시 놓쳤다"라고 논평했다.
정부를 비판하는 미디어들이 권력의 칼날 밑에 놓여 있을 때
불법으로 부수를 조작해
기업 광고비와 세금을 빼가는 신문사는
반공의 합창을 정권과 함께 즐겁게 부르는 중이다.

2023. 9. 8.

지난 대선 당시 윤석열 후보에게 큰 타격이 되었던
「뉴스타파」의 김만배 인터뷰 보도와 관련해
검찰이 금전 거래 혐의로 수사를 시작하면서
여권이 언론계에 맹폭을 가하고 있다.
대통령실이 "날조된 사실, 공작의 목표는 윤석열 후보의
낙선이었다", "당시 집중적으로 가짜뉴스를 실어 나른
언론 매체들이 있었다. 기획된 정치 공작의
대형 스피커 역할이 결과적으로 이루어진 것"이라며
인용 보도한 언론들에 대한 전방위 공격을 시사한 데 이어
국민의힘 김기현 대표는
"이것은 단순한 가짜뉴스 차원의 문제가 아니라,
치밀하게 기획된 공작뉴스 차원의 문제"라며
"치밀하게 계획된 일급 살인죄는
과실치사죄와는 천양지차로 구분되는 악질 범죄로서,
극형에 처해지는 범죄"라고 주장했다.
총선을 앞두고 정권에 꼬리 흔드는 애완견만을 남기기 위해
연일 언론에 대한 총공세가 이어지는 중이다.

2023. 9. 12.

윤석열 대통령이 부분 개각을 단행한다.

신임 문화체육부 장관에 유인촌 대통령실 문화체육특보,

신임 국방부 장관에 신원식 국민의힘 의원,

여성가족부 장관에 김행 전 국민의힘 비상대책위원을

내정했다.

유 후보자는 이명박 정부 시절 문체부 장관을 역임하며

문화계 인사 블랙리스트를 작성한 의혹을 가진 인물이며

국회 국정감사 도중 기자들을 향해 "사진 찍지 마! XX,

찍지 마!"라고 욕설을 내뱉는 레전드 장면을 남긴 바 있다.

신 후보자는 과거 전광훈 목사와의 대담 중에

전시작전권 전환 추진을 비판하면서

"문재인이라는 악마를 탄생시킨 초대 악마인

노무현이라는 자가 대통령이 된 것이다.

이자가 전시작전권을 전환하겠다고 시작을 해서

이 문제가 된 것"이라는 발언을 했으며,

홍범도 장군 흉상 이전을 처음 주장한 인물이다.

욕설과 막말, 전체주의적 탄압이라는 윤석열 정부의 코드가

갈수록 선명히 드러나고 있다.

2023. 9. 15.

2023. 9. 25.

정부가 가짜뉴스에 대한 대응을 강화하고 있다.
이동관 방송통신위원장이
"가짜뉴스를 빨리 바로잡지 않으면
대한민국이라는 국가의 존립 자체가 흔들릴 수밖에 없는
상황이다"라고 강조하는 등
정부 여당 인사들이 가짜뉴스 근절이라는 명분을 앞세워
언론에 대한 강압적 대응을 강조하고 있는 것이다.
또 방송통신심의위원회는 인터넷에 기사를 게재하는
모든 언론사로 심의 대상을 확대하기로 하는
가짜뉴스 근절 대책을 발표했는데, 언론개혁시민연대는
"위헌적 요소가 다분하여 표현의 자유를 침해할 위험이
심각하게 크다"라며 "허위라는 이유만으로
인터넷 게시물에 조치를 취할 법적 권한이 없고,
인터넷 언론은 방통심의위 심의 대상이 아니다.
이는 정보통신망법, 방통위 설치법 등 법률이 정한
방통심의위의 직무를 넘어서는 것"이라고 비판했다.
'빨갱이', '공산당'에 이어 '가짜뉴스'라는 딱지를 붙이는
통제가 시작되고 있다.

2023. 9. 26.

박근혜 전 대통령이 대구 전통시장을 찾은 것이
언론에 보도된 데 이어 일간지 회고록 연재가 예고되고 있다.
또 국가정보원 특수활동비를 챙긴 혐의로 수감되었다가
작년에 풀려난 최경환 전 부총리 및
국정 농단 사건으로 복역하고 사면된 친박계 인사들이
총선을 앞두고 활동을 재개하려 하고 있다.
시민들의 요구로 처벌되었던 과거 정권의 인사들이
반공을 앞세우며 구시대적 정치를 펼치는
윤석열 정권을 발판으로 기지개를 펴고 있다.

2023. 10. 3.

언론의 아부성 기사들이 연이어 주목을 받고 있다.
민영 뉴스통신사 「뉴시스」는 지난 1일 대구 동화사에서 열린
윤석열 대통령의 부친 윤기중 옹의 49재 마지막 날,
반야용선을 태우는 행사에서 연기가 마치 구름 속
용의 입으로 들어가는 형상이 연출되어 화제가 되고 있다면서
"윤 옹의 혼의 기운이 용의 입으로 들어가듯 윤 대통령에게
마지막 기를 불어넣어주며 국태민안을 기원하고 있는
의미로 보인다"라고 보도했다.
「서울신문」은 '예술의전당 깜짝 방문 한동훈 장관 대박'이라는
제목으로 "한 장관은 연예인 못지않은 뜨거운 인기를
자랑했다", "한 장관은 시민들의 쇄도하는 사진 요청 멘트를
어느 하나 놓치지 않고 응대하며 함께 사진을 찍었다",
"어떤 시민은 조각 같다며 감탄하기도 했다"라고 보도했다.
그러나 이러한 보도들은 독자들의 손가락질만 받을 뿐,
댓글엔 부정적 반응이 넘치고
윤석열 정권에 대한 반감이 강화되는 효과를 낳고 있다.
어쩌면 언론사 스스로 무덤을 파면서까지
현 정부의 실패를 바라는 고도의 책략일지도 모른다.

2023. 10. 10.

서울 강서구청장 보궐선거에서

김태우 국민의힘 후보가 진교훈 더불어민주당 후보에게

17.15퍼센트포인트라는 큰 격차로 참패했다.

대법원 유죄 확정판결을 받아

구청장직을 상실한 김태우 후보를 사면하고

다시 출마시킨 윤석열 대통령의 만용이

구민들로부터 철퇴를 맞은 것이다.

또한 그동안 윤석열 정권이 보여준

구시대적 매카시즘 정치와 언론 탄압, 제왕적 독선에 대한

시민들의 분노이기도 하다.

공화국의 민심은 왕의 손을 잡을 수 없는 것이다.

2023. 10. 13.

민심의 손은 왕의 손을 잡지 않았다

박순찬의 장도리 카툰집

용산대형

박순찬 지음

초판 1쇄 발행일 2023년 11월 20일

발행인 | 한상준
편집 | 김민정·강탁준·손지원·최정휴
디자인 | 김경희
마케팅 | 이상민·주영상
관리 | 양은진

발행처 | 비아북(ViaBook Publisher)
출판등록 | 제313-2007-218호(2007년 11월 2일)
주소 | 서울시 마포구 월드컵북로 6길 97(연남동 567-40)
전화 | 02-334-6123 전자우편 | crm@viabook.kr
홈페이지 | viabook.kr

ⓒ 박순찬, 2023
ISBN 979-11-92904-35-1 03300

- 이 책은 저작권법에 따라 보호받는 저작물이므로 무단 전재와 복제를 금합니다.
- 이 책의 전부 혹은 일부를 이용하려면 저작권자와 비아북의 동의를 받아야 합니다.
- 잘못된 책은 구입하신 곳에서 바꿔드립니다.
- 본문에 사용된 종이는 한국건설생활환경시험연구원에서 인증받은,
  인체에 해가 되지 않는 무형광 종이입니다.
  동일 두께 대비 가벼워 편안한 독서 환경을 제공합니다.